BEI GRIN MACHT SICH IHR WISSEN BEZAHLT

- Wir veröffentlichen Ihre Hausarbeit, Bachelor- und Masterarbeit

- Ihr eigenes eBook und Buch - weltweit in allen wichtigen Shops

- Verdienen Sie an jedem Verkauf

Jetzt bei www.GRIN.com hochladen und kostenlos publizieren

Christian Kneer

Kaiser Augustus und seine Zeit im Spiegel horazischer Dichtung

GRIN Verlag

Bibliografische Information der Deutschen Nationalbibliothek:

Die Deutsche Bibliothek verzeichnet diese Publikation in der Deutschen Nationalbibliografie; detaillierte bibliografische Daten sind im Internet über http://dnb.d-nb.de/ abrufbar.

Dieses Werk sowie alle darin enthaltenen einzelnen Beiträge und Abbildungen sind urheberrechtlich geschützt. Jede Verwertung, die nicht ausdrücklich vom Urheberrechtsschutz zugelassen ist, bedarf der vorherigen Zustimmung des Verlages. Das gilt insbesondere für Vervielfältigungen, Bearbeitungen, Übersetzungen, Mikroverfilmungen, Auswertungen durch Datenbanken und für die Einspeicherung und Verarbeitung in elektronische Systeme. Alle Rechte, auch die des auszugsweisen Nachdrucks, der fotomechanischen Wiedergabe (einschließlich Mikrokopie) sowie der Auswertung durch Datenbanken oder ähnliche Einrichtungen, vorbehalten.

Impressum:

Copyright © 2000 GRIN Verlag GmbH
Druck und Bindung: Books on Demand GmbH, Norderstedt Germany
ISBN: 978-3-656-41263-2

Dieses Buch bei GRIN:

http://www.grin.com/de/e-book/134361/kaiser-augustus-und-seine-zeit-im-spiegel-horazischer-dichtung

GRIN - Your knowledge has value

Der GRIN Verlag publiziert seit 1998 wissenschaftliche Arbeiten von Studenten, Hochschullehrern und anderen Akademikern als eBook und gedrucktes Buch. Die Verlagswebsite www.grin.com ist die ideale Plattform zur Veröffentlichung von Hausarbeiten, Abschlussarbeiten, wissenschaftlichen Aufsätzen, Dissertationen und Fachbüchern.

Besuchen Sie uns im Internet:

http://www.grin.com/

http://www.facebook.com/grincom

http://www.twitter.com/grin_com

Wolfram- von- Eschenbach- Gymnasium
Schwabach

Kollegstufe   Abiturjahrgang 1998/2000

Facharbeit

aus dem Leistungskurs Latein

Thema:

Kaiser Augustus und seine Zeit im Spiegel horazischer Dichtung

Verfasser: Christian Kneer
Leistungskurs: Latein
Bearbeitungszeitraum: Kurshalbjahre 12/2 und 13/1
Kursleiter:
Abgabetermin: 01. Februar 2000

Inhaltsverzeichnis

Ausführung

A) Überblick über den Prinzipat des Augustus   S. 4 - 5

B) Kaiser Augustus und seine Zeit im Spiegel horazischer Dichtung   S. 6 - 18

I. 16. Epode: Flucht vor der Selbstzerstörung Roms durch die eigenen Bürger   S. 6 - 8

1. Darstellung der trostlosen Gegenwart in Rom (V. 1-34)
2. Glorreiche Zukunft auf den Inseln der Seligen (V. 35-66)
3. Intention und Weltbild des "Visionärs" Horaz

II. 7. Epode: Herbe Verbitterung über den anhaltenden Bürgerkrieg   S. 8 - 9

1. Anklagerede gegen die beiden Bürgerkriegsparteien (V. 1-14)
2. Fazit des Horaz: Der Brudermord an Remus als die Ursache allen Übels (V. 17-20)

III. 9. Epode: Oktavians Sieg bei der Schlacht von Aktium über Antonius und Kleopatra   S. 9 - 11

1. Geschichtlicher Hintergrund und Ausgangssituation
2. Oktavian als der Hoffnungsträger und möglicher Retter Roms
3. Unsicherheit und Sorge aufgrund der ungewissen Zukunft

IV. Ode 1, 37: Einzug Oktavians in Alexandria und das engültige Ende des Bürgerkriegs   S. 11 - 13

1. Oktavian als Bezwinger der bedrohlichsten Feinde von innen und außen
2. Euphorischer Siegesjubel des Horaz bzgl. des errungenen Triumphes
3. Legitimation des Prinzipats unter Augustus
4. Verständigungsfrieden mit den Parthern und die damit verbundene Wiedergewinnung der einst verlorenen röm. Feldzeichen

V. Carmen Saeculare: Preisung des augusteischen Zeitalters anlässlich der Säkularspiele   S. 14 - 15

1. Verherrlichung und Apotheosierung des Augustus als Zentrum des Lobgesangs
2. Rückkehr der alten römischen Wertbegriffe
3. Reichsneuordnung und Bau des *Ara Pacis*

VI. Ode 4, 15: **Lobgedicht auf Augustus und die Errungenschaften der**   S. 15 - 18
    Pax Augusta

1. Aufzählung der Leistungen und Friedenstaten des Prinzeps Augustus (V.1- 16)
2. Bezug zur augusteischen *renovatio* als Grundlage der Neuordnung
3. Darlegung der Konsequenzen und Ziele der *Pax Augusta* (V.17-32)

C) Abschließende Beurteilung unter Einbeziehung des *Tellus-Reliefs* als   S. 18 - 19
    Symbol des eingekehrten Friedens

Bildmaterial   S. 20 - 25

Literaturverzeichnis

Erklärung

Ausführung

A) Überblick über den Prinzipat des Augustus

Mit dem Sieg bei Aktium 31 v. Chr. gegen Antonius und Kleopatra beendete Augustus die für Volk und Staat unheilvolle Zeit des Bürgerkriegs und führte Rom in ein neues Zeitalter, das *Saeculum Augustum*.

Es entstand eine neue Herrschaftsform: Der Prinzipat unter der Vorrangstellung des Augustus (siehe Bild des Augustus, S. 20).

Der Prinzeps gab zunächst 27 v. Chr. die Vollmachten, die er während des Bürgerkriegs entgegengenommen hatte, an Senat und Volk zurück und stellte zumindest nach außen die Republik wieder her.

Nach der Niederlegung des Konsulats 23 v.Chr. verlieh ihm der Senat als Wertschätzung seines Handelns die *tribunicia potestas*, eine Amtsgewalt der Volkstribunen auf Lebenszeit und das *imperium proconsulare*, eine allen Provinzstatthaltern übergeordnete Befehlsgewalt. Die Sehnsucht nach Frieden und Erlösung von den jahrelangen Kriegen brachte Augustus einen weiteren Machtzuwachs und stärkte die Stellung des *princeps civitatis* noch zusätzlich. Er selbst bezeichnete die Übereinstimmung der Bürger als Legitimation und Grundlage seiner Machtbefugnisse. Denn er wußte, dass dieser Konsens auf einer kriegsmüden Welt aufbaute, die ihn als einzigen verbliebenen Machtinhaber betrachtete. Diese sah in Augustus die Verkörperung aller positiven menschlichen Eigenschaften[1], vor allem der "vier Kardinaltugenden eines Herrschers" *virtus, clementia, iustitia* und *pietas*.

Die augusteische Herrschaft wird vom römischen Volk als eine Zeit des Friedens, der Sicherheit und des Wohlstands empfunden, wofür man sich dem Prinzeps dankbar zeigte. Als Zeichen des einkehrenden Friedens wurde der Janustempel geschlossen (29 v. Chr.), Säkularspiele zu Ehren des *saeculum pacis* abgehalten (17 v.Chr.) und der *Ara Pacis* erbaut (9 v. Chr. eingeweiht).

---

[1] Vgl. dazu Wickert L.: Entstehung und Entwicklung des römischen Herrscherideals. In: Ideologie und Herrschaft in der Antike. S. 348 ff.

Die *Pax Augusta* wird von den römischen Bürgern als ein kostbarer Augenblick wahrgenommen und der eingekehrte Frieden als Geschenk empfangen. Die unermüdliche Sorgfalt, mit der sich Kaiser Augustus um den Zustand des Staates bemühte, fand ihre offizielle Anerkennung in der Verleihung der Titel des *Pontifex Maximus* 12 v. Chr. und des *Pater Patriae* 2 v. Chr. *Caesar Divi filius Augustus* war somit der Repräsentant aller Römer, Friedensstifter und der Garant einer glücklichen Zukunft.

Diese Zeit, in der sich die Sehnsucht der Menschen nach Frieden und Wohlstand endlich erfüllte, brachte Rom auch zu kultureller Blüte, vor allem in der Literatur.
Einer der bedeutendsten Lyriker des augusteischen Zeitalters war Q. Horatius Flaccus (65 - 8 v. Chr.), bekannt als Horaz (siehe Bild des Horaz, S. 21), der als Zeitzeuge den Übergang der Republik zum Prinzipat selbst miterlebte.
Da er die Verzweiflung kannte, die kurze Zeit vor dem Zusammenbruch der Republik herrschte, erhielt für ihn der Frieden einen so hohen Stellenwert, dass die neue Ordnung und der Prinzeps Augustus zu seinen Hauptthemen gehörten.
Die Darstellung dieser Geschehnisse konnte er erst durch die Aufnahme in den Maecenaskreis 38 v. Chr. verwirklichen, was er seinem Freund Vergil zu verdanken hatte. Dadurch rückte er auch dem Augustus näher und zwar in dem Maße, dass man ihn geradezu als seinen "Hofdichter"[2] bezeichnen konnte.
Im Folgenden soll anhand ausgewählter Oden und Epoden des Horaz Augustus und seine Zeit charakterisiert und eine Entwicklung in der horazischen Dichtung aufgezeigt werden.

---

[2] vgl. Hönn, K.: Augustus und seine Zeit. S. 267

B) Kaiser Augustus und seine Zeit im Spiegel horazischer Dichtung

I. Flucht vor der Selbstzerstörung Roms durch die eigenen Bürger

Horaz spricht zweimal in seinen Epoden (7. und 16. Epode) über den Bürgerkrieg, beidemal nicht zu einer einzelnen Person, sondern zu dem röm. Volk. So wendet er sich in der 7. Epode an die Römer, die gegen ihre eigenen Volksgenossen zu den Waffen gegriffen haben.

Die 16. Epode (vgl. Büchner, Karl: Die Römische Lyrik, S. 94-97) baut auf der Vorstellung dieses "unabwendbaren Verhängnisses", womit der Bürgerkrieg gemeint ist, auf: *Altera iam teritur bellis civilibus aetas, suis et ipsa Roma viribus ruit* (V. 1-2). Horaz weist damit darauf hin, dass bereits die zweite Generation unter dem Bürgerkrieg leide. Die Vernichtung der Stadt Rom, die alle Feinde nicht erreicht hatten, auch nicht die Germanen und Hannibal (V. 3-8), werde nun in der jetzigen Generation durch die eigenen "verwünschten" Bürger durchgeführt (V. 9-10). Horaz sieht als *vates*[3] voraus, wie fremde "barbarische Reiter" die bereits zerstörte Stadt kampflos erobern und den endgültigen Untergang herbeiführen (V. 11-14). Er äußert seine tiefe Verzweiflung und Widerwillen gegen beide Bürgerkriegsparteien: *nefas videre* (V. 14).

Trotz der hoffnungslos scheinenden Situation gibt Horaz nicht auf und stellt einen möglichen Ausweg dar: Die Auswanderung Roms in ein glückseliges Land. Nach dem Vorbild des Phokäischen Volkes[4], das einst ihr Land verließ, soll man nun dorthin "gehen, wohin die Füße tragen" oder der Wind treibt (V. 17-22), d.h. das Ziel erscheint zunächst gleichgültig. Wenn niemand einen besseren Vorschlag aufweisen kann, dann am besten gleich die Reise antreten: *An melius quis habet suadere? secunda ratem occupare quid moramur alite?* (V. 23-24)

---

[3] Als *vates* bezeichneten sich jene alten Wahr-sager, Dichter und Sänger, die in ihren Werken die Zukunft verkündeten.

[4] Um nicht länger unter persischer Herrschaft leben zu müssen, wanderten die Phokäer 534 v. Chr. nach Korsika aus. Bei der Abfahrt dorthin verfluchten sie alle, die zurückblieben, versenkten einen Eisenbarren ins Meer und schworen nicht eher in die Heimat zurückzukehren, bis dieser Barren wieder zum Vorschein gekommen sei.

Erst wenn "der Po den Gipfel des Matinus bespült oder der erhabene Apenin sich ins Meer stürzt" (V. 28-29) soll die Heimkehr erlaubt sein, d.h. nur wenn sich alle Naturgesetze umkehren sollten.

Horaz konkretisiert daraufhin auch, wer sich an dem Auszug beteiligen sollte und das Ziel der Reise: Entweder *omnis civitas* (V. 36) oder *pars indocili melior grege* (V. 37), d.h. "..der Teil, der besser ist als die ungelehrige Herde" und *virtus* (V. 39) besitzt, soll sich an dem Exodus beteiligen.

Das Ziel der Reise laut Horaz: Die Inseln der Seligen, "die glückseligen Gefilde" (V. 41-42). Horaz beschreibt in leuchtenden Farben, wie dort die Natur alles bereitstelle, was ein Mensch benötige: Wein, Öl, Feigen, Honig und klares Bergwasser (V. 43-48). Selbst Ziegen geben dort freiwillig ihre Milch und weder vor Bären noch vor Schlangen muss sich gefürchtet werden (V. 49-52). An diesen Platz der Glückseligkeit "wandten nicht sidonische Seeleute ihre Segel" (V. 61) und nicht *cohors Ulixei* (V. 62).

Abschließend stellt Horaz als *vates* in den vier letzten Versen noch einmal den Fluchtweg dar: Wer den Bürgerkriegen, dem eisernen Zeitalter (V. 65) entfliehen wolle, soll den Ausweg suchen und eine *tempus aureum* (V. 64) werde ihm bevorstehen. Den *piis* (V. 66) sollen diese Inseln vorbehalten sein.

Die Epode lässt sich in zwei fast gleich lange Hauptteile gliedern, einerseits in die Darstellung der trostlosen Gegenwart in Rom (V. 1-34), andererseits in die glorreiche Zukunft auf den Inseln der Seligen (V. 35-66). Zudem ist jeder Hauptteil in 3 Abschnitte unterteilt: Klage über das sich selbst zerstörende Rom (V. 1-14), Vorschlag zur Auswanderung (V. 15-24), Verfluchung der Heimat (V. 25-34); Verkündung des Ziels der Auswanderung (V. 35-48), Beschreibung des glückseligen Lebens (V. 49-56) und das mögliche Ende des Bürgerkriegs (V. 57-66).

Für Horaz handelt es sich jedoch bei der beschriebenen Auswanderung nicht um eine reale Flucht, sondern vielmehr um einen Ausweg im geistigen Sinne. "Das ganze Gedicht transponiert etwas Geistig - Moralisches ins Räumliche"[5].

Duch die 16.Epode zeigt Horaz sein Weltbild. Es besteht daraus, sich von der unglückseligen Zeit und dem Sittenverfall des Bürgerkriegs zu distanzieren, um im

---

[5] Büchner, Karl: Die römische Lyrik. Reclam, Stuttgart 1983, S. 98

Geiste eine neue Welt zu schaffen. Die *divites insulas* (V. 42), verwendet Horaz als Symbol der Freiheit und des Glücks. Er appelliert an das röm. Volk, den Weg in eine bessere Zeit, in ein *aetas aurea* anzutreten. Nur durch Flucht kann man sich der Selbstzerstörung dieser unheilvollen Zeit entziehen.

Horaz fungiert hier nicht in erster Linie als Dichter, sondern vielmehr als Visionär und prophetischer Führer, als *vates*, was er selbst im letzten Vers der 16. Epode bestätigt: *vate me* ("nach meiner Prophezeihung", V. 66). Das ist eine Haltung, die seit Jahrhunderten aus der Dichtung verschwunden war (vgl. Heinze: Die Augusteische Kultur, S. 113).

Horaz scheint die Hoffnung zu besitzen, dass diejenigen, die *virtus* besitzen, sich unter seiner Führung als Dichter selbst retten können. Er stellt zwar voller Sorge die kritische Lage fest, kapituliert jedoch nicht, sondern weiß sogar einen möglichen Ausweg, um dem Unglück zu entkommen: Die einzige Rettung vor dem Untergang ist die Auswanderung auf die Inseln der Seligen.

Zeitlich ist die Epode vermutlich in die Jahre 42-38 v. Chr. einzuordnen, noch bevor Horaz mit Maecenas in Verbindung getreten ist.[6]

II. Herbe Verbitterung über den anhaltenden Bürgerkrieg

Die geschilderte 16. Epode steht in engem Zusammenhang mit der 7. Epode (vgl. Büchner, Karl: Die Römische Lyrik, S. 101), in der Horaz seine tiefe Verbitterung über den anhaltenden Bürgerkrieg zum Ausdruck bringt: *acerba facta* (V. 17). Er wendet sich gegen die beiden Parteien des Bürgerkriegs, die erneut in den Kampf ziehen wollen und klagt sie wegen des Bürgerkrieges an. Mit äußerster Dramatik geht er mit den Übeltätern ins Gericht. Horaz spricht den blinden Wahnsinn (*furorne caecus*, V. 13) und das sinnlose Blutvergiessen (*Latini sanguinis*, V. 4) an. Auf seine anfängliche Anklagerede (V. 1-14) findet er in Form eines Fazit selbst Antwort (V. 17-20): Der Brudermord an Remus ist die Ursache des Übels, alle folgenden Bürgerkriege sind nur die Folge davon: *acerba fata Romanos agunt*

---

[6] vgl. Numberger, Karl: Horaz; Lehrer - Kommentar zu den lyrischen Gedichten. Aschendorff, Münster, 1972, S. 475. vgl. auch: Kießling, A.: Q. Horatius Flaccus. Oden und Epoden. Heinze, Berlin, 1964, o.S.

scelusque fraternae necis (V. 17-18). Eine Urschuld ist es also, so Horaz, die von Generation zu Generation andauert und "den Enkeln zum Fluch" zu werden scheint. Die 7. Epode wurde wahrscheinlich 39-36 v. Chr. von Horaz verfasst und somit kurz nach der 16. Epode. Zu einer Zeit, als sich, nach dem Vertrag von Brundisium zwischen Oktavian und Antonius (40 v. Chr.), am Ende des Jahres 39 Oktavian und Sextus Pompejus wieder zum Kampf rüsteten.

Die Grundstimmung der 7. Epode ist deshalb wesentlich pessimistischer als noch die der 16. Epode, die noch eine Aussicht auf Besserung aufwies. Horaz richtete dennoch seine Hoffnung, die durchaus noch vorhanden war, immer mehr auf Oktavian.

III. Oktavians Sieg bei der Schlacht von Aktium gegen Antonius und Kleopatra

Der Beweis dafür ist in der 9. Epode (vgl. Sämtliche Werke des Horaz) zu finden, die nach der Seeschlacht bei Aktium im Jahr 31 v. Chr. geschrieben wurde. Antonius hatte seine zahlenmäßig überlegenen Schiffe an der Westküste Griechenlands gesammelt. Oktavians Feldherr Agrippa hatte jedoch durch ein taktisches Manöver die gegnerischen Streitkräfte eingeschlossen und in seine Gewalt gebracht. Als daraufhin Kleopatras Schiffe die Segel setzten, floh Antonius ihr nach. Seine Flotte war verloren und das Landheer ergab sich, durch die Flucht des Feldherrn entmutigt, dem Oktavian.

Die Ausgangssituation der 9. Epode: Der Sieg bei Aktium ist errungen, Antonius und Kleopatra wurden in die Flucht geschlagen; Horaz und sein Freund Maecenas, die sich im Gebiet des Kampfes aufgehalten haben, sitzen in der Nacht nach der Schlacht zusammen beim Wein.

Horaz hat jedoch noch kein Siegeslied auf Oktavian verfasst, denn für ihn war lediglich die Schlacht bei Aktium gewonnen, aber noch nicht der endgültige Krieg. Zumal ja Antonius und Kleopatra noch am Leben waren und nichts über ihr Vorhaben bekannt war. In Euphorie sollte Horaz erst später verfallen.

Bei der Gliederung der Epode lässt sich ein einleitender (V. 1-6) und ein ebensolanger abschließender (V. 33-38) Abschnitt erkennen. Im Hauptteil des Gedichts (V. 7-32) schwankt die Stimmung der Unterhaltung zwischen Horaz und Maecenas vor allem zwischen Furcht und Hoffnung aufgrund der ungewissen Zukunft.

Gleich am Anfang stellt er die Frage: *Quando repostum Caecubum ad festas dapes ... bibam?* (V. 1-4)
Horaz zeigt sich also noch *cura metusque* (V. 37) bzgl. des errungenen Triumphes.
Im Folgenden (V. 7-16) zieht er eine Parallele zwischen dem Sieg Agrippas über Sextus Pompejus (Seeschlacht bei Naulochos, 36 v. Chr.) und der jetzigen Schlacht. Der Unterschied, so Horaz, bestände jedoch darin, dass der Sieg damals den Krieg beendete, da der besiegte Pompejus keinerlei Mittel mehr besaß, um sich wehren zu können. Die jetzige Situation ist jedoch ungewiss. Dennoch hofft Horaz, dass auch diesmal der Sieg den Frieden bringen könnte. Die Soldaten des Antonius verhöhnt er als "Weiberknechte" (V. 11-16) und wundert sich, dass der endgültige Triumph noch auf sich warten lasse (V. 21-22).
Horaz gebührt des weiteren dem Oktavian eine höhere Stellung als dem Bezwinger Jugurthas, Marius (V. 23), dem Besieger Karthagos, Scipio der jüngere (V. 25) und hebt ihn über alle, die in der Geschichte Roms erfolgreich waren. Er sieht Oktavian als den möglichen Retter Roms, der die *virtus* (V. 26) besitzt, auf die er in seiner 16. Epode noch hingewiesen hat und die für ihn eine so hohe Bedeutung trägt. Die Hoffnung auf Rettung scheint also kurz vor der Verwirklichung.
Auffallend ist auch, dass Horaz wie in Ode 1, 37- die Namen der feindlichen Anführer, Antonius und Kleopatra verschweigt: *Neptunius dux, femina, hostis* (V. 7-8 /12 / 27). Ein möglicher Grund könnte sein, dass "es sich um Namensverschweigung handelt, die zur Unschädlichmachung des Verbrechens angewandt wurde, letztlich magische Ursachen hat und mit der Realität des Namens zu tun hat".[7]
Die 9.Epode zeigt aber auch, dass Horaz zwar über die gewonnene Schlacht Oktavians jubelt: *victore laetus Caesare* (V. 2), sich jedoch trotzdem um die Zukunft sorgt: *curam metumque rerum Caesaris rerum iuvat dulci Lyaeo solvere.* (V. 37 f.)

---

[7] Pöschl, V.: Interpretationen lateinischer Schulautoren. Hrsg. v. H. Krefeld, Frankf., 1968, S.111/131

IV. Einzug Oktavians in Alexandria und das endgültige Ende des Bürgerkriegs

Am 1. August 30 v. Chr. zog Oktavian schließlich im äyptischen Alexandria ein. Antonius begang daraufhin völlig verzweifelt Selbstmord. Kleopatra selbst tötete sich, nachdem sie von dessen Tod erfahren hatte, durch den Biß einer Schlange und ließ sich neben Antonius bestatten. In Rom machte der Sieg über die ägyptische Königin und ihr dramatisches Ende großen Eindruck. Der Sieg bei Aktium, das Ende des Bürgerkriegs und die Sehnsucht nach Frieden machte sich bemerkbar, als Oktavian nach Rom zurückkehrte, wo das Volk dem Prinzeps einen gebührenden Empfang bereitete.

Nach diesen Ereignissen verfiel auch Horaz in Siegesjubel und war nun endlich davon überzeugt, dass Oktavian die Römer in eine glückliche Zukunft, in ein *aurea aetas* führen werde.

Deutlich wird dies in der Ode 1, 37 (vgl. Ratio: Von der Republik zum Prinzipat, S. 46-48), die Horaz wenige Wochen nach dem 1. August 30 v. Chr., dem Tag der Kapitulation Alexandrias verfasste. Oktavian wird dort als der Bezwinger der bedrohlichsten Feinde von innen und außen, des Antonius und der Kleopatra, dargestellt. Der schwere Fluch, der seit dem Mord an Remus über Rom schwebte, scheint endgültig überwunden zu sein.

Horaz antwortet mit den Anfangsworten *nunc est bibendum* (V. 1) auf seine in der 9. Epode am Anfang gestellte Frage, als er noch sorgenvoll überlegte, wann wohl der richtige Zeitpunkt sein werde, um den "aufgesparten Caecuber-Wein" zu trinken: "Jetzt soll man trinken" und den Sieg Oktavians über seine Widersacher ausgiebig feiern.

Nach den euphorischen Eingangsversen (V. 1-4) handeln die restlichen Verse des Gedichts (V. 5-32) von der Person der Kleopatra. Horaz geht dabei auf die Hoffnungen der Königin (V. 5-12), ihren Untergang (V. 21-32) und das für ihn nahezu heroische Ende ein (V. 21-32). Selten ist es gelungen, "daß ein Sieg von ähnlicher Größe in einem so jubelnden und zugleich so tief humanen Gedicht verherrlicht worden ist wie in der Ode *'Nunc est bibendum'*"[8]. Für Horaz muss die Schlacht bei Aktium der Wendepunkt in der römischen Geschichte gewesen sein, wie die sorglose und durchweg fröhliche Ode 1, 37 dokumentiert.

Er war somit einen Schritt weiter als noch in der 9. Epode, da er nun aufgrund der angesprochenen Ereignisse eine wesentlich positivere Einstellung zur *res publica* besaß. Die fortlaufende Entwicklung sollte Horaz in seiner Meinung bekräftigen.

Als Zeichen des einkehrenden Friedens wurde 29 v. Chr. der Janustempel geschlossen. Mit dem erbeuteten Gold aus der Kriegsbeute Ägyptens begann Oktavian mit zahlreichen Bautätigkeiten, die auch den Tempeln Roms gewidmet waren. So ließ er in den Jahren 28 und 29 v. Chr. zwei neue Heiligtümer errichten: Den Tempel des *Divus Julius*, der an der Stelle auf dem Forum entstand, an der Caesars Leiche verbrannt worden war, und den Tempel des *Apollo Palatinus*, der als Symbol des goldenen Zeitalters gelten sollte.

In der Zwischenzeit hatte Oktavian den Titel des *princeps senatus* erster Mann des Senats erhalten, mit dem jedoch keine verfassungsmäßigen Rechte verbunden waren, sondern die Auszeichnung begründete vielmehr die *auctoritas* des Senators. Der Begriff des Prinzeps setzte also eine Autorität voraus, die sich nicht auf festgeschriebene Rechte stützte, sondern auf eine allgemeine Übereinstimmung abzielte.

Für Oktavian war der Zentralbegriff die *auctoritas* und seine Intention lautete somit: Autorität statt Amtsgewalt (vgl. Kornemann, Ernst: Römische Geschichte II, Augustus). Das Volk schien durchaus damit einverstanden zu sein, dass es einen starken Staatsmann gab, der den Frieden garantieren sollte.

Die Erfolgsformel lautete also: Die *res publica* unter Leitung eines Prinzeps, dem ersten Mann im Staat; und dieser war Augustus.

Die Bezeichnung *Augustus*, mit der er für seine Gerechtigkeit und milde Regierungsweise ausgezeichnet wurde, bedeutet wesentlich mehr als die Grundbedeutung "Der Erhabene" wiedergibt. In erster Linie bezeichnet er etwas

---

[8] vgl. Numberger, Karl: Horaz; Lehrer - Kommentar zu den lyrischen Gedichten. Aschendorff, S. 138.

"Geheiligtes" oder "Verehrungswürdiges". Somit entsteht der Eindruck der Heraushebung aus dem menschlichen Bereich bishin zur Vergöttlichung. "Der Name bezeichnet eine übermenschliche, geradezu religiöse Qualität".[9]

Das *imperium Romanum* hatte mittlerweilen seine größte Ausdehnung erreicht und aus den fernsten Ländern reisten Huldigungsgesandtschaften nach Rom.
Zu dieser Zeit - 20 v- Chr. - konnte Augustus einen weiteren, diesmal diplomatischen Erfolg für sich verbuchen.: Einen Verständigungsfrieden mit den Parthern, der die Existenz des Partherreiches anerkannte. Die Parther gaben darauf die römischen Feldzeichen zurück, die einst Crassus in der blutigen Schlacht bei Karrhae (53 v. Chr.) an sie verloren hatte. Diese Feldzeichen ließ Augustus im Tempel des Mars, der den Mittelpunkt des Forums bildete, aufstellen und setzte diesen Erfolg damit einem militärischen Sieg gleich.
Die Übergabe der Feldzeichen ist in allegorischer Form auf dem Brustpanzer der *Augustusstatue von Primaporta* dargestellt (siehe Bilder S. 22/23): Aus der Hand der Parther nimmt der junge Feldherr Tiberius im Auftrag des Prinzeps Augustus den römischen Legionsadler entgegen. Abgebildet sind außerdem die Schutzgötter der kaiserlichen Familie, wie z.B. Erdgöttin Tellus, Apollo und Diana sowie verschiedene Himmelsgötter. Oberhalb der beschriebenen Szene ist der Sonnengott mit seinem Gespann zu erkennen, dem Morgenröte und Morgentau vorausfliegen. Die Rückgabe der einst verlorenen Feldzeichen besiegelte somit die *Pax Augusta* und ließ das neue Zeitalter, das *Saeculum Augustum* Wirklichkeit werden.

V. Preisung des augusteischen Zeitalters anlässlich der Säkularspiele

Der erreichte Zustand war für Augustus der Anlaß, im Jahr 17 v. Chr. ein dreitägiges religiöses Fest (*ludi saeculares*) zu veranstalten. Den Abschluß des Festes bildete die Aufführung eines Gedichts, dessen Abfassung Augustus dem Horaz übertrug.

---

vgl. auch: Fraenkel, E. Horaz. Darmstadt, 1963, o.S.
[9] Meier, Chr.: Die Ohnmacht des allmächtigen Dictators Caesar. Drei biographische Skizzen. Frankfurt a. M., 1980, S. 267

Das *Carmen saeculare* (vgl. Sämtliche Werke des Horaz), das von einem Festchor gesungen wurde, sollte somit den glanzvollen Abschluss der Jahrhundertfeier darstellen.
Im Mittelpunkt steht die Anbetung der Gottheiten, vor allem von Apollo und Diana, die auch auf dem Brustpanzer des *Augustus von Primaporta* (siehe Bilder S. 22/23) dargestellt sind. Diese sollten die Gebete, die von einem Jungen- und Mädchenchor vorgetragen wurden, erhören.
Als Höhepunkt lässt sich meiner Meinung nach die Verse 49-52 erkennen, wo Augustus verherrlicht wird. Dies erfolgt in Form einer Antithese am Ende der Strophe: *iacentem lenis in hostem* (V. 51-52). Auffallend ist hierbei, dass Horaz den Namen des Prinzeps nicht nennt. Entscheidend ist jedoch, dass Horaz Augustus an der Stelle des Gedichts auftreten lässt, die von der Anbetung der Gottheiten (Apollo und Diana) umrahmt ist. Die Apotheosierung von Augustus, die Horaz mit seinen Gedichten vorantrieb, war somit fortgeschritten.
Im Anschluß daran wird die Rückkehr (*redire*, V. 58) der alten römischen Wertbegriffe wie *fides, pax, honos, pudor* und *virtus* (V. 57-58) gepriesen.
Zusätzlich wird als Symbol der Fruchtbarkeit der augusteischen Epoche, ein übervolles Füllhorn, beschrieben: *adparetque beata pleno copia cornu* (V. 59-60; vgl. dazu: Oppermann, Hans: Wege zu Horaz, S. 31). Außerdem wird die beachtliche Größe der Stadt Rom: *possis nihil urbe Roma visere maius* (V. 11-12) und die Herrschaft über mächtige Völker wie die Meder, Skythen und Inder (V. 54-57) gepriesen.
Hierbei ist anzumerken, dass Augustus das *imperium Romanum* als ein Reich betrachtete, dass nicht mehr der Ausweitung, sondern nur noch der Sicherung der Grenzen bedurfte. Der Stolz über die Größe des Reiches und den gesicherten Frieden sollte schließlich von andauerndem Bestand bleiben. Die Zeit des Krieges war vorbei und das Römische Reich konnte sich endlich wieder an dem Wohlstand und der Glückseligkeit, den die *renovatio* des Augustus ausgelöst hatte, erfreuen.

Augustus selbst brach im Sommer 16 v. Chr. in die Provinz Gallien auf, um einem Angriff der Germanen entgegenzuwirken. Die Germanen zogen sich jedoch beim

Erscheinen des Augustus zurück und schlossen kurze Zeit später Frieden mit den Römern. In Rom erwartete man seine baldige Rückkehr und traf alle Vorbereitungen, um dem *princeps civitatis* einen festlichen Empfang zu bereiten. Augustus lehnte jedoch einen persönlichen Triumphzug ab. Er ließ im Gegenzug die Bautätigkeiten zu dem Symbol der augusteischen Epoche, dem *Ara Pacis* (Einweihung 9 v. Chr., siehe Bild S. 24), beginnen. Es handelt sich dabei um einen nach oben offenen Raum von etwa 10 mal 11 Metern, der von einer ca. 6 Meter hohen Mauer eingefasst ist. Der westliche Eingang war über 10 Treppenstufen zu erreichen.

VI. Lobgedicht auf Augustus und die Errungenschaften der *Pax Augusta*

Horaz hingegen nahm die Heimkehr des Kaisers 13 v. Chr. nach dreijähriger Abstinenz zum Anlass ihm ein Triumphgedicht, die Ode 4, 15 (vgl. Ratio: Von der Republik zum Prinzipat, S. 55/58), zu widmen.
Das Gedicht lässt sich in zwei gleichlange Teile zu je 4 Strophen gliedern. Der erste Teil, der im Perfekt geschrieben ist, beschreibt die Ergebnisse des *Pax Augusta*. Der zweite Teil - im Futur verfasst - kennzeichnet die Erwartungen und Ziele.
In der letzten horazischen Ode zeigen sich die großen Hoffnungen, die er einst in Augustus gesetzt hatte, als eingetreten.
Zu Beginn werden die Leistungen und Friedenstaten des Augustus aufgezählt, die zum neuen *aurea aetas* führten. Durch das Stilmittel der asyndetischen Reihung wird die Fülle der Fakten noch zusätzlich betont und herausgehoben. Den Feldern wurden die Früchte zurückgegeben: *Fruges et agris rettulit* (V. 5). Gemeint ist damit auch der wirtschaftliche und soziale Aufschwung, den Augustus mit seiner Politik auslöste. So versuchte er durch ein ganzes Bündel von Aufgaben die Lage der Plebs zu verbessern. Der Kaiser bemühte sich beispielsweise darum, den Bevölkerungsanstieg in der Hauptstadt zu bremsen und der Verödung auf dem Land entgegenzuwirken. Dazu bestimmte er, dass ein Drittel der Landarbeiter auf einer römischen Plantage freie Römer sein müssen. Durch diesen Beschluß verhinderte er, dass reiche Großgrundbesitzer auf billigere Arbeitskräfte, wie z. B. Sklaven zurückgriffen.

Zusätzlich führte er ein Arbeitsbeschaffungsprogramm durch, das u .a. regen Handel auf den römischen Straßen und neue Arbeitsplätze, wie z. B. im Bauwesen zur Folge hatte. Ein neu renoviertes Bewässerungssytem ermöglichte nun auch Landwirtschaft in Gebieten, die vorher nicht nutzbar waren.

Überall im *imperium Romanum* wetteiferten somit die Städte, nach dem Vorbild der Hauptstadt, Foren, Thermen und Theater zu errichten.

Horaz knüpft an seiner Rühmung der Leistungen des Augustus an: Die an die Parther verlorenen Feldzeichen hat er dem Jupiter wiedergebracht: *signa... restituit Iovi* (V. 6) und den Janustempel als Zeichen des Friedens geschlossen: *Ianum Quirini clausit* (V. 9).

Des weiteren wurde durch Augustus das willkürliche Leben eingeschränkt: *licentiae iniecit* (V. 10-11), die Schuld, die seit Generationen (vgl. 16.Epode) auf Rom lastete, beseitigt: *emovit culpas* (V. 11) und die *mores maiorum* wiedereingeführt: *veteres revocavit artis* (V. 12).

Horaz dankt dem Augustus für seine Errungenschaften und seine *re-novatio* des röm. Staates. Verdeutlicht wird dies durch die Verwendung der Prädikate: *rettulit, restituit, revocavit* (V. 5-12).

Das Reformwerk (*renovatio*), mit dem Augustus dem Römischen Reich neuen Schwung verleihen wollte, richtete sich nach den alten *virtutes*, an den *mores maiorum* aus. Die Sicherung der Grenzen und die Festigung der Struktur des Reiches standen im Mittelpunkt seines Erneuerungsprogrammes. In erster Linie lassen sich die Auswirkungen an dem Aufblühen und der Verschönerung der Städte ablesen.

Augustus beschäftigte sich während seiner Amtszeit auch mit der Neuordnung der Provinzialverwaltung. Er führte die Besoldung der römischen Statthalter sowie die staatliche Kontrolle der Steuern durch sogenannte Prokuratoren ein, d.h. Beamte aus dem Ritterstand mit einem festem Gehalt. Diese hatten das Steueraufkommen jeder einzelnen Provinz zu ermitteln. Neben der Provinzialverwaltung stellte der gutorganisierte Verwaltungsapparat, durch den allen Römern eine Mitbeteiligung am Aufbau des Staates gewährt wurde, einen großen Vorteil dar. Somit entstand ein Berufsbeamtentum mit genau festgelegten Gehaltsklassen. Abgesehen von einigen

Spitzenstellungen wie Provinzstatthalter und Legionsführer, die durch Senatoren besetzt wurden, wurden die höheren Positionen vom Ritterstand bekleidet. Wichtigkeit erlangten dort vor allem neben den genannten Prokuratoren (*procuratores*) die Präfekten (*praefecti*), die an der Spitze einzelner Abteilungen standen, in erster Linie die Präfekten der kaiserlichen Leibwache (*cohortes praetoriae*; vgl. Krefeld: Res Romanae, S. 32). Um die Vielschichtigkeit der augusteischen *renovatio* zu verdeutlichen, sei auch die Ausrichtung von Spielen und Wettkämpfen erwähnt. Diese galten für den Herrscher als Stimmungsbarometer des Volkes. Augustus ließ z.b. Gladiatorenkämpfe und Seeschlachten veranstalten und verwendete dafür riesige Summen.

Im zweiten Teil der Ode 4, 15 schildert Horaz die Konsequenzen, die sich aus des *Pax Augusta* für das römische Reich sowie die restliche Welt ergeben. Parallel zum ersten Abschnitt (*tua, Caesar, aetas*, V. 4) folgt nun im zweiten die Darstellung der Erwartungshaltung, die mit den Worten *Custode rerum Caesare* (V. 17) eingeleitet wird. Horaz beschreibt Augustus als Bringer und Hüter des Friedens, "als Retter und Heiland seines Volkes"[10], unter dessen Herrschaft weder "der Wahnsinn des Bürgerkriegs" noch "Gewalt und Zorn den Frieden vertreiben werde": *non furor Civilis aut vis exiget otium, non ira* (V. 17-19).
Und auch keine feindlichen Völker, wie z. B. die Goten, Serer, Perser und Skythen (vgl. V. 22-24), werden das julische Herrschaftshaus zum Sturz bringen können. Innerer Frieden und äußere Sicherheit sind weiterhin die zukünftigen Ziele des Staates.
Das Schlußbild der Ode (V. 25-32) betont noch einmal das intakte Familienleben, die Erinnerung an die alten Römertugenden und die mythischen Ursprünge des römischen Volkes. Es stimmt mit den Idealen der augusteischen *renovatio* vollkommen überein und zeigt die moralische Erneuerung des Volkes.
Die Ode stellt also nicht nur die erreichten Fakten der *aetas Augusta* dar, sondern bietet auch einen Ausblick in die Zukunft des römischen Staates. Horaz schließt mit

---

[10] vgl. Maier, Fr.: Auxilia - Der Prinzipat des Augustus. S. 81. vgl. auch: Kurfess, A.: Augustus und seine Zeit. Bielefeld/Leipzig, 1930, XXX

seiner Ode 4, 15 an das Thema an, welches das gesamte 4. Odenbuch vorherrschend ist: Die Verherrlichung des Augustus.

C) Abschließende Beurteilung unter Einbeziehung des Tellus-Reliefs als Symbol des eingekehrten Friedens

Abschließend ist zu sagen, dass der in A) erwähnte Begriff des "Hofdichters"[11] mir für Horaz als sehr treffend erscheint, da sich in seiner Dichtung in Form von lyrischer Sprache die Zeit des Augustus reflexiert. Solch großen Dichtern wie Horaz ist es zu verdanken, dass wir in der heutigen Zeit einen Einblick in die augusteische Epoche besitzen. Er schuf durch die "charismatische Überhöhung des Herrschers"[12] das poetische Gegenstück zur *Ara Pacis*. Horaz geht in seiner hymnischen Glorifizierung des Prinzeps so weit, dass er ihn "als Retter und Heiland seines Volkes (...) preist, um ihn also die Atmosphäre des Heiligen, Göttlichen aufbaut [und ihn] als Gottheit bezeichnet oder auffaßt."[13]

Horaz vertraute auf "die Unvergänglichkeit seines Werkes, das er [als] ein *monumentum aere perennius"[14]* (Ode 3, 30, V. 1) bezeichnete. Er sollte recht behalten, denn er ging als einer der bedeutendsten Dichter des goldenen Zeitalters in die Geschichte ein.

Das Symbol des eingekehrten Friedens ist das *Tellus-Relief* (siehe Bild S. 25), das an dem "Friedensaltar" (*Ara Pacis*) abgebildet ist. Dargestellt ist die segenspendende Erdmutter *Tellus*, die spielende Kinder und Früchte in ihrem Schoß hält. Die Pflanzen im Hintergrund und die Tiere zu ihren Füßen sollen das Sinnbild einer Welt sein, die die Früchte des Friedens - *custode Caesare* - (gemeint ist Augustus; vgl. Ode 4, 15, V. 17) empfängt.

Als Augustus im Alter von 77 Jahren auf sein Leben zurückblickte, konnte er von sich sagen, er habe die Flammen des Bürgerkriegs gelöscht, die Grenzen des Reiches gesichert und den Frieden (*Pax Augusta*) wiederhergestellt.

---

[11] vgl. 2
[12] Kloft, H.: Ideologie und Herrschaft in der Antike. S. 14; vgl. Zanker, P.: Prinzipat und Herrscherbild. S. 353
[13] Maier, Friedrich: Auxilia Der Prinzipat des Augustus. C.C.Buchner, Bamberg, 1987, S.81/82

Augustus verstarb als *pater patriae* am 19. August 14 n. Chr. im Landhaus seiner Familie in Nola und hinterliess seinem Nachfolger Tiberius ein blühendes *imperium Romanum*.

---

[14] Ratio: Satire und Lyrik   Kommentar. C.C. Buchner, Bamberg, 1999, S. 71

Literaturverzeichnis

Büchner, Karl: Die römische Lyrik. Reclam, Stuttgart, 1983
Fraenkel, E.: Horaz. Darmstadt, 1963
Heinze, Richard: Die Augusteische Kultur. Hrsg. v. Alfred Körte, Leipzig, 1933
Horaz: Sämtliche Werke des Horaz
Hönn, K.: Augustus und seine Zeit. Wien, 1953
Kloft, H.: Ideologie und Herrschaft in der Antike. Darmstadt, 1979
Kießling, A.: Q. Horatius Flaccus. Oden und Epoden. Heinze, Berlin, 1964
Kornemann, Ernst: Römische Geschichte II. Alfred Kröner, Stuttgart, 1970
Krefeld, Heinrich: Res Romanae. Cornelsen, Frankfurt a. M., 1988
Kurfess, A.: Augustus und seine Zeit. Bielefeld/Leipzig, 1930
Maier, Friedrich: Auxilia: Ovid: Dädalus und Ikarus   Der Prinzipat des
  Augustus. C.C. Buchner, Bamberg, 1987
Meier, Chr.: Die Ohnmacht des allmächtigen Dictators Caesar. Drei biographische
  Skizzen. Frankfurt a. M., 1980
Oppermann, Hans: Wege zu Horaz. Wissenschaftl. Buchgesellschaft,
  Darmstadt, 1972
Numberger, Karl: Horaz; Lehrer- Kommentar zu den lyrischen Gedichten.
  Aschendorff, Münster, 1972
Pöschl, V.: Interpretationen lateinischer Schulautoren. Hrsg. v. H. Krefeld,
  Frankfurt a. M., 1968
Ratio: Satire und Lyrik - Kommentar. C.C. Buchner, Bamberg, 1999
Ratio: Von der Republik zum Prinzipat, C.C. Buchner, Bamberg, 1999
Ratio: Von der Republik zum Prinzipat - Kommentar. C.C. Buchner, Bamberg,
  1999
Wickert, L.: Entstehung und Entwicklung des römischen Herrscherideals.
  In: Ideologie und Herrschaft in der Antike (hrsg. von Kloft, H.).
  Darmstadt, 1979
Zanker, P.: Prinzipat und Herrscherbild. In: Gymnasium 86 (1979)

Bildnachweis

http:// www. acs. rhodes. edu/ images/ mcmanus images/ augustuscorona.jpg
http:// www. acs. rhodes. edu/ images/ mcmanus images/ augustustogate.jpg
http:// www. acs. rhodes. edu/ images/ mcmanus images/ augustusaegis.jpg
http:// www. acs. rhodes. edu/ images/ mcmanus images/ augustusjupiter.jpg
http:// www. lib. utexas. edu/ Libs/ PCL / portraits / augustus.jpg